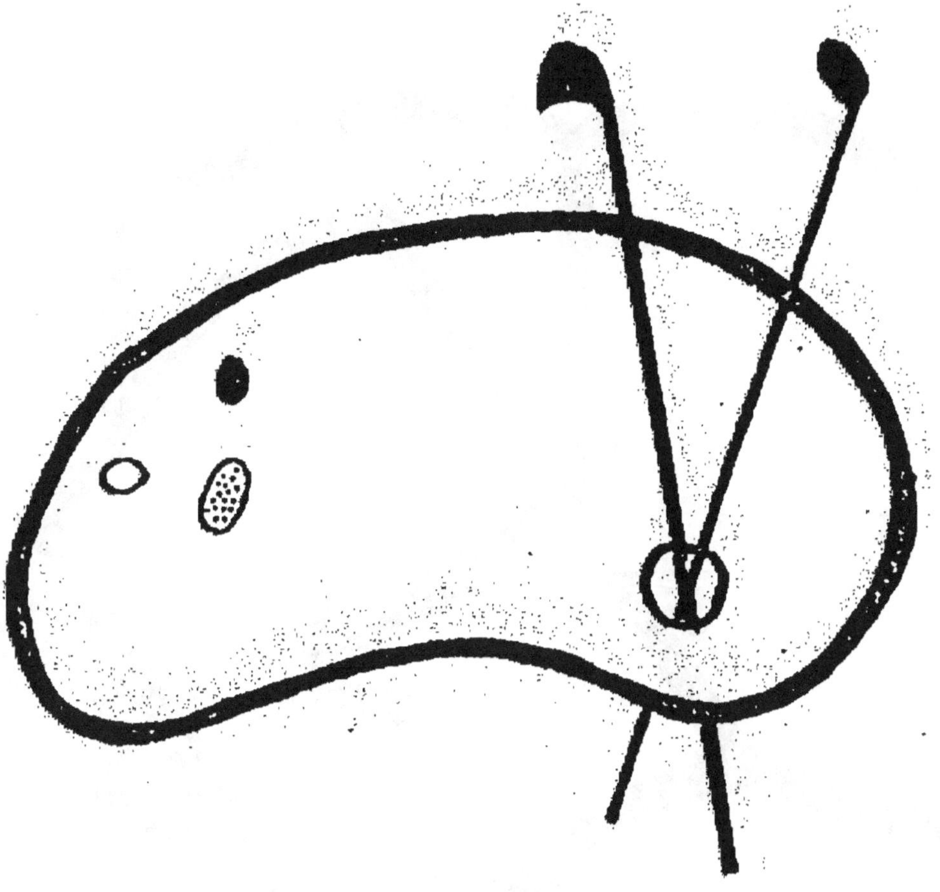

LES SQUARES DE PARIS

NOTICE

SUR LE

PARC MONCEAUX

PAR

Mme GERMAINE BOUÉ

ONZIÈME ÉDITION

PARIS

CHEZ TOUS LES LIBRAIRES

1866

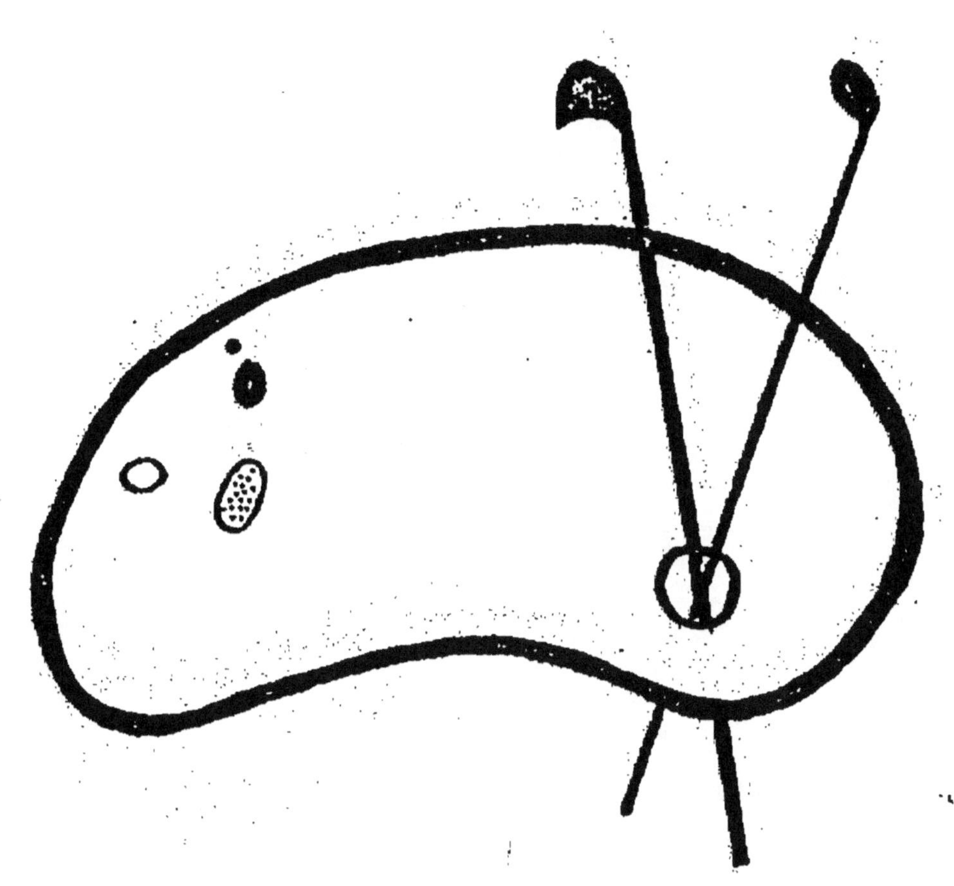

FIN D'UNE SÉRIE DE DOCUMENTS
EN COULEUR

La naumachie.

LES

SQUARES DE PARIS

NOTICE

SUR

LE PARC DE MONCEAUX

I

Tout ce qui est illustre et beau ne doit pas toujours sa consécration à l'ancienneté ; et pour qu'un édifice, un monument, un lieu d'agrément ou d'utilité publique aient leur charme ou leur harmonie, il n'est point indispensable qu'ils fassent dresser leur arbre généalogique et que leur création se perde dans la nuit des âges.

Les quartiers neufs, les squares, les nouvelles promenades publiques ressemblent à des aristocrates d'hier à qui les aïeux importent fort peu ; car eux-mêmes seront bientôt des ancêtres. Qu'est-ce, en effet, que le passé pour les générations qui ignorent ce que dure un siècle ?

Fermer l'oreille aux bruits discordants de la vie agitée des rues, venir chercher sous des allées discrètes et ombreuses le calme et le silence qui reposent, n'est-ce point assez pour l'esprit que cette soumission naturelle aux contrastes qui sont l'éternelle loi du monde ? Non, nous sommes ainsi faits, qu'au milieu de cette région heureuse et paisible dont le parc de Monceaux nous offre les délicieuses perspectives, nous nous inquiétons de son origine, de ses développements, de ses transformations... Quels souvenirs se rattachent à la pyramide, à la naumachie, à la grotte? Qui racontera les mystères du château, des kiosques, des temples? — J'en suis fâché pour votre imagination, chers lecteurs; mais, comme en bien des choses de notre époque plus positive que légendaire, tous ces vestiges comptent plus de souvenirs que d'années.

Quand vous respirez une atmosphère pure et suave, que vos regards sont agréablement captivés par les ravissants aspects que vous présentent de plusieurs points de ce lieu enchanté, l'arc de triomphe, les coupoles dorées de l'église grecque et les splendides boulevards, qu'importe le temps écoulé depuis sa fondation?

Toutefois la curiosité qui s'attache à vouloir connaître l'origine de tout ce qui plaît ou intéresse est trop légitime pour que nous n'y fassions pas droit. Voici donc l'historique de ce qu'il fut et de ce qu'il est après sa transformation si radicale.

II

Monceaux, Monceau ou Mousseaux, ainsi appelé du nom d'un ancien village, sur l'emplacement duquel il a été créé, au nord-ouest de Paris, fut planté en 1778, par les soins de Philippe d'Orléans, père du roi Louis-Philippe, alors duc de Chartres.

Le prince en confia les dessins et l'exécution à Carmontelle, qui en fit un délicieux jardin anglais.

Le terrain était aride : Carmontelle y créa des accidents et y conduisit l'eau en abondance ; il y éleva des temples, des obélisques, des tombeaux, des grottes, des kiosques, un château fort en ruines, un moulin à vent hollandais, une pompe à feu ; il y établit des jeux de bague, des jets d'eau, des fontaines, des cascades, etc.

Monceaux fut alors une belle création de l'art architectural se combinant avec l'horticulture, qui imposait et commandait l'admiration, par le pouvoir que le vrai beau a toujours le droit d'exercer sur les facultés de l'intelligence. Aujourd'hui ce n'est plus qu'un lieu d'agrément, un frais jardin, une miniature des vastes et luxueuses promenades du bois de Boulogne, du Luxembourg et des Tuileries, se reliant avec les Champs-Élysées ; car cette propriété s'est amoindrie successivement depuis l'époque où elle appartenait à Philippe d'Orléans.

Après la mort de ce prince, la Convention nationale ordonna par un décret (floréal an II), que le parc de Monceaux serait affecté à divers établissements d'utilité publique. On en fit un jardin, une promenade ; on y établit des jeux, un bal ; mais son éloignement du centre de Paris fut cause que le public l'abandonna.

Sous l'empire, Napoléon donna Monceaux à Cambacérès, qui le répudia quelques temps après, à cause des frais considérables que nécessitait son entretien.

Vint la restauration ; Louis XVIII restitua le parc à la famille d'Orléans, qui le garda en sa possession jusqu'à la promulgation des décrets présidentiels de 1852.

Depuis cette époque, le parc de Monceaux ne fut accessible au public qu'au moyen d'une permission qu'accordait, avec autant de discernement que d'urbanité parfaite, M. d'Arboussier, qui en était le conservateur. Après la mort de la duchesse d'Orléans, la propriété fut cédée par les héritiers à M. Emile Pereire. Enfin, en adoptant le projet des boulevards Malesherbes et de Monceaux, la ville de Paris fit l'acquisition d'une partie du parc, afin de l'approprier à l'usage d'une promenade publique, après lui avoir fait subir de nombreuses et radicales transformations.

III

On aborde le jardin par trois entrées principales : l'une à la rotonde de l'ancienne barrière de Chartres ; les deux autres spécialement destinées à la circulation des voitures, sont établies : l'une sur le boulevard Malesherbes ; l'autre, rue de Courcelles, en face l'avenue de Monceaux. Ces entrées, aux portes de grandeurs variées, tant pour les voies carrossables que pour les piétons, sont ornées de magnifiques grilles surmontées des armes de la ville de Paris et au chiffre de l'Empereur. Les portes sont reliées entre elles par des pilastres à jour, d'ordre ionique, dominés par d'élégants amortissements.

Deux larges artères, ornées de gracieux candélabres à gaz et de bordures de granit, sont établies pour donner accès aux hôtels qui entourent le parc, tandis qu'une multitude d'autres allées s'entre-croisant et dont une profusion de fleurs garnit la bordure, aboutissent à des massifs soigneusement conservés, ou bien aux curiosités que le démembrement du parc a laissé subsister encore. De ce nombre sont la rivière, le pont, la grotte, formée par un assemblage pittoresque de roches amoncelées, la naumachie, vaste bassin de forme ovoïde, entouré de colonnes d'ordre corinthien, le tombeau, voilé par un massif de haute futaie, et enfin la rotonde. Mais ce dernier monument, complétement transformé, sert aujourd'hui d'habitation au gardien du parc.

Artiste autant que magnifique grand seigneur, le duc d'Orléans avait compris que le vrai plan d'un jardin grandiose consiste dans la variété des tableaux et l'imprévu des effets. Le but des arts est d'émouvoir, d'élever l'âme, de la saisir par des situations pittoresques, et un jardin doit être un pays d'illusions en raccourci. C'est ainsi que l'avait compris le premier créateur de cet Éden. Nul comme lui n'avait su éviter cette froide motononie des jardins ordinaires. Habile ordonnateur de perspectives, il avait transporté dans ce lieu les changements de scène des opéras. Vrai dompteur de la nature, après l'avoir présentée dès l'entrée de ce beau jardin dans ses aspects les plus agréables, il en perpétuait le charme et le renouvelait de mille manières, afin d'alimenter et d'exciter le désir de le revoir et de s'y plaire sans cesse.

D'ailleurs sa destination était toute d'agrément personnel. C'était un lieu consacré au plaisir, ainsi que l'indiquait le nom de Folie, donné par le prince à cette résidence. Elle servit souvent de théâtre à certaines scènes que les mémoires privés de l'époque peuvent seuls relater. Le pavillon principal, où se réunissaient les familiers du prince, était l'élégante construction qui servait plus tard de rendez-vous de chasse aux fils de Louis-Philippe, et qui existe encore dans la partie du parc qui n'est pas du domaine de l'État.

A l'époque où il appartenait au duc de Chartres, ce pavillon frappait par sa singularité ; mais on a détruit depuis, pour l'effet harmonique, deux frontons qui, vus de côté, étaient disgracieux. Seulement, il est regrettable qu'on n'ait pu rendre une frise à l'entablement. La couverture était peinte en pierre, avec des guirlandes de bronze, et les pilastres qui étaient autour du bâtiment, avaient des bossages en marbre jaune de Sienne, et des tables en marbre du Languedoc. Les chapiteaux, les bronzes, les ornements et les moulures étaient en bronze antique.

Pour étendre ce pavillon, l'on avait ajouté quatre galeries de sept croisées de face, terminées par une balustrade antique et ornées de tables en brèche violette.

C'est dans ce pavillon que Louis-Philippe-Joseph, duc d'Orléans, grand maître de la franc-maçonnerie, faisait subir aux adeptes les épreuves bizarres, et parfois, en apparence, cruelles qui précédaient leur réception dans l'ordre.

Il se passait là aussi des soirées de jeu frénétique. On raconte à ce sujet qu'un jeune Allemand, venu à Paris avec de fortes sommes, joueur et perverti, fut présenté à Philippe sous la double qualité de noble et de libertin. Il fut admis à Monceaux; on le fit jouer et il perdit; il prit de l'humeur et s'échappa même en imprécations familières à ceux qui sont dominés par la funeste passion du jeu.

Un gentilhomme attaché au duc de Chartres représenta à l'Allemand qu'on ne parlait pas ainsi devant son maître. Le trop franc personnage répondit brutalement que, parmi les fripons, il n'y avait pas de princes. Alors on tomba sur lui, il fut assommé, et comme la mort s'ensuivit, il fut enterré secrètement dans les jardins. Mais si, des régions ultramondaines, l'âme du joueur a pu voir ce qui se passait ici-bas, il dut être fier des honneurs qu'on rendit à son enveloppe mortelle. En effet, on éleva un tombeau dont la pyramide, qui existe encore aujourd'hui, n'est qu'un fragment.

Voici comment il est décrit dans l'ancien itinéraire:

« Ce tombeau pyramidal est égyptien; il a pour décoration » intérieure huit colonnes de granit, enterrées d'un tiers, avec » leurs chapiteaux ornés de têtes égyptiennes soutenant un enta- » blement de marbre blanc, de granit et de bronze. Des rosaces » de bronze décorent la voûte; en face de la porte d'entrée, » s'ouvre une niche contenant une vasque de marbre vert an- » tique où se trouve, accroupie sur ses talons, une femme en » marbre du plus beau noir et dont la coiffure est un bandeau

» de bandelettes d'argent. Dans les angles sont quatre niches, » et dans chacune d'elles, des cassolettes de bronze. L'en- » trée en est fermée par une grille, et la porte a pour am- » bages deux cariatides égyptiennes, portant un vase vert an- » tique. »

Le tombeau.

Un petit nombre d'affidés savaient seulement quel pauvre diable reposait là.

IV

Comme antithèse, et peut-être comme palliatif à cet événement, le prince, qui avait, il faut le dire, certains côtés généreux dans le caractère, avait fait placer en face, à l'extrémité du pont, un moulin auquel était adossée l'habitation du meunier. Cette maisonnette, formant laiterie, était décorée en marbre à l'intérieur, et à l'extérieur d'une façon très-rustique.

Mme de Genlis, gouvernante des enfants du prince, avait fait placer là une jeune fille nommée Rose, pimpante villageoise, mariée depuis, sous son patronage, à un jeune garçon qu'elle aimait. Le duc d'Orléans contribua, par sa munificence, à perpétuer le bonheur de ce jeune couple, qu'il gratifiait de six mille livres de gages. Rien de tout cela ne reste aujourd'hui, que le pont reliant autrefois le moulin aux trois jardins, rose, jaune et bleu, qu'il fallait traverser pour aller dans la petite île des Roches, où se trouve encore la cascade. Les temples, les kiosques, les statues, ont subi les lois de la destruction.

V

Le célèbre auteur des *Liaisons dangereuses*, Choderlos de Laclos, né à Amiens en 1741, produisit ses premières œuvres littéraires sur le petit théâtre de Monceaux. On suppose que c'est à la faveur de ces compositions, aussi folles que spirituelles, qu'il parvint à être nommé secrétaire surnuméraire du prince. Laclos devint bientôt son confident très-intime, et il est à supposer qu'il eut une grande influence sur la conduite de celui qui l'admettait habituellement dans son conseil.

C'est au chevalier de Laclos qu'on attribue la rédaction des lettres du duc d'Orléans au roi, dans lesquelles se trouvent en germe les idées de 93. Laclos fut un des principaux rédacteurs du fameux journal des *Jacobins*, ayant pour titre : *Journal des amis de la Constitution*. Ce fut lui qui, de concert avec Brissot, fit la pétition qui provoqua le rassemblement du Champ-de-Mars où l'on demandait que le roi fût mis en jugement.

Atteint par les sévices exercés contre le duc d'Orléans, Laclos fut renfermé dans la maison d'arrêt de Picpus. Du fond de sa prison, il ne cessait d'écrire, et il composa là des poésies fugitives qui ne manquent ni l'esprit ni de grâce. Mis en liberté au 9 thermidor, il fut nommé secrétaire général de l'administration des hypothèques ; son génie facile lui rendit vite familier ce nouveau travail, mais il l'abandonna bientot pour la carrière militaire, et fut envoyé en Italie avec le grade de général de brigade, qu'il occupa avec distinction.

Enfin les fatigues et les émotions de son esprit actif hâtèrent prématurément le terme de son existence. Il mourut à Tarente, le 5 octobre 1803. Sa fin fut celle d'un philosophe résigné et tout imbu du scepticisme matérialiste du dix-huitième siècle.

Ses amis ayant voulu se retirer pour le laisser reposer, la dernière soirée qu'il leur fut donné de le voir : « De grâce, leur » dit Laclos, ne me quittez pas ! Encore quelques heures, et le » moi qui vous parle, qui est heureux de votre présence, sera » retranché du monde des vivants, et réuni au grand *Tout!* » Ne me laissez pas mourir seul ! Rangez-vous là autour de ma » couche ! ouvrez toute grande la fenêtre de laquelle je vois » m'apparaître les gloires du couchant et les lignes fuyantes » des coteaux, des bois, des prairies !,.. Mon être, pétri de » boue et de rosée céleste, va bientôt se fondre dans les vibra- » tions de cette éblouissante poussière de pourpre et d'or ! » Demain, vous verrez de nouveau ces fêtes de la nature, et » moi, amis, après le refoulement de l'âcre douleur qui brise

» ma poitrine, j'irai m'abîmer dans l'harmonique et suave repos
» des champs! »

Quelques heures après, en effet, s'éteignait cette vive intelligence.

On sait que son ex-maître, le duc d'Orléans, avait montré le même stoïcisme en présence d'un genre de mort bien autrement terrible!

Paix à sa mémoire! Toute grande expiation efface de grandes fautes!

Un souvenir plus doux, évoqué par les beaux ombrages de Monceaux, est celui de l'humble et modeste herborisateur qui s'y glissa un jour à la dérobée, pour y chercher certaine plante qu'on disait s'y trouver. Effarouché d'être rencontré par Mme de Genlis accompagnée de ses illustres élèves, le botaniste s'enfuit la tête basse, en cherchant à cacher son butin. Mais il avait été reconnu, et le lendemain, on faisait pratiquer sous un massif du parc une petite porte dont la clef fut apportée au sauvage visiteur, afin qu'il pût y venir à son gré, et sans crainte d'être surpris.

Ce personnage timide n'était rien moins que le grand esprit, le noble cœur, l'âme de feu qui, semblable à un astre, brilla sur son époque, en laissant derrière lui ses écrits, comme une lumineuse trace. — J'ai nommé Jean-Jacques.

Notre cadre restreint ne nous permet pas de plus amples détails. La majeure partie des faits qui pouvaient intéresser dans la phase brillante de Monceaux, passe dans le domaine de l'histoire.

Toutefois, en perdant son cachet primitif, qui lui assignait un rang spécial dans les jouissances exquises et à huis clos du monde le plus élégant de l'aristocratie, le parc n'en reste pas moins un site délicieux: que si, en se rajeunissant, il a perdu quelques-unes des beautés de détail dont nous consignons le souvenir dans cet opuscule, il a gagné du côté de l'ampleur des masses, de l'harmonie des lignes, du moelleux des contours et de cet art qui dispose les massifs d'arbres, tout enveloppés de pelouses et d'une riche couronne florale, comme si la nature avait créé d'un seul jet tous ces heureux accidents.

Le rocher avec sa cascade produit une agréable diversion parmi les beautés artificielles de l'horticulture savante et harmonieuse déployée dans le parc.

Placé au centre, non loin du point où les quatre allées principales aboutissent en un carrefour, il rompt avec bonheur ce

La grotte.

qu'il y aurait de monotone dans la surface plane du terrain, et jette comme à souhait un type de nature agreste, formant contraste avec la splendide végétation dont il est entouré.

Le rocher est une œuvre d'art ; mais l'art s'y dissimule, en nous offrant en réduction l'image d'un de ces soulèvements spontanés qui, dans les temps primitifs, eurent lieu sur divers points du globe en travail de formation. On dirait qu'il est sorti du sein de la terre en un seul bloc, mais non sans effort, avec son amas de roches inégales, âpres et tourmentées, à demi couvertes de mousses, de lichens et de lierres.

Du sommet s'élance une cascade aux eaux limpides, tribut lointain d'un réservoir montueux.

Sous le rocher est une grotte sinueuse qui présente aux regards des visiteurs la variété des accidents géologiques des régions caverneuses. On sait que, par l'effet naturel de l'infiltration lente des eaux saturées de substances salines et de l'action de l'air ambiant, se produisent à la longue, sous les formes les plus bizarres, ces excroissances pétrifiées qu'on nomme stalactites.

De même que dans certaines grottes des Pyrénées ou des Alpes, ces stalactites descendent de la voûte en culs-de-lampe, par jets inégaux et variés selon le caprice d'un travail séculaire; seulement, elles ont été portées ici pièce à pièce, et disposées avec tant d'habileté et de goût, que la main du constructeur ne s'y laisse pas deviner.

VI

Il fallait l'essor, l'intelligence et le goût d'un véritable artiste, pour toucher à l'œuvre de Carmontelle, en respectant ce qui pouvait en rester, sans nuire à la destination nouvelle que la munificence de la ville de Paris assignait à cette belle promenade, ouverte désormais au public, et contribuant tout à la fois à l'agrément et au bien-être d'un des quartiers les plus opulents de la capitale. Ces qualités précieuses, M. Alphand, ingénieur en chef des promenades et plantations de Paris, les a déployées une fois de plus, en ajoutant de nouveaux titres à la réputation qui lui est si justement acquise par ses merveilleux travaux d'art aux bois de Boulogne, de Vincennes et aux squares de Paris.

Le pont.

Ce labeur de transformation, tout en déblayant la capitale d'une foule de quartiers informes et malsains qui la déparaient et nuisaient à l'hygiène, l'a pénétrée, de ses rayons jusqu'au centre, d'un air pur, avec les frais ombrages, les espaces ouverts et les saines émanations de la nature arborescente. C'est là un des signes caractéristiques de notre époque: la pensée virile et prévoyante qui a présidé à ces améliorations prépare ainsi l'adoucissement des mœurs par le bien-être ouvert à tous. Fomenter le goût du beau, n'est-ce pas imprimer le plus noble essor aux passions humaines ? et les ramener ainsi dans les sentiers des lois providentielles, c'est s'appuyer sur un des plus puissants leviers de la civilisation.

GERMAINE BOUÉ.

FIN

Paris. — Imprimerie Vallée, 15, rue Breda.

www.ingramcontent.com/pod-product-compliance
Lightning Source LLC
LaVergne TN
LVHW020511230826
846091LV00008BA/3460
9782016159309